DEDICA

A noi,

al nostro coraggio

di incontrare la vita,

qui sulla Terra,

in tutte le sue imperfezioni

e perfezioni.

Attraverso di te, sento l'amore in me.

INDICE

1. Prefazione
2. Introduzione
3. Percezione
4. Comunicazione
5. Blocco
6. Vuoto
7. Nulla
8. Paura
9. Dolore
10. Ascolto
11. Sentire
12. Contatto
13. Solitudine
14. Amore
15. Si-amo: viaggio nell'universo e ritorno su Gaia
16. Conclusioni
17. Ringraziamenti

PREFAZIONE

In presenza dell'amore, possiamo condividere noi stessi ad occhio nudo di chi guarda. La nostra bellezza e la nostra espressione autentica sono pienamente esposte nell'innocenza tremante. Sperimentiamo una frequenza percepita, un sussurro udito, un tremore inviato, come un segreto che brucia nel nostro essere. Questo riconoscimento da cuore a cuore, dove le parole non sono necessarie, accende le fiamme del santo amore. È negli occhi del nostro amante, la forma e la forma maschile e femminile divina. Sperimentiamo e assistiamo ad un riflesso di noi stessi.

Quando ci apriamo, la nostra mente si arrende e il tempo e lo spazio collassano. È quando i fuochi sacri si accendono in casa, le porte del Paradiso si sciolgono e le braci dell'amore vengono mantenute accese dalla scintilla divina sentita dentro. L'amore è un viaggio di profonda trasformazione, un percorso che ci conduce alla divinità del nostro sé più elevato.

Nel corso della storia umana, l'esistenza delle energie maschili e femminili espresse divine è stata onorata e riconosciuta in tutte le culture e religioni. Queste energie complementari sono simboleggiate in molte tradizioni, come l'Induismo, il Buddismo e il Taoismo, e sono viste come essenziali per la creazione e l'equilibrio dell'intero universo. Il simbolo yin-yang cattura perfettamente questa polarità, raffigurando due parti opposte ma simmetriche che si completano a vicenda. L'energia Yin si riferisce al femminile nutriente, mentre l'energia Yang rappresenta il maschile provvidente. Nessuno dei due è superiore; entrambi sono ugualmente preziosi e necessari

Queste energie si manifestano in tutti gli aspetti della vita, dalla cura nutritiva del femminile alla forza protettiva del maschile. Sono le forze fondamentali che guidano la creazione, la crescita e l'armonia. Comprendere e abbracciare queste energie dentro di noi e nelle nostre relazioni può portare a connessioni più profonde e ad una vita più equilibrata.

Benvenuti in questa esplorazione dell'amore, dove approfondiamo i suoi misteri, accettiamo le sue sfide e celebriamo la sua bellezza. Prendiamo questo voto d'amore e suggelliamolo con un bacio, intraprendendo un viaggio che ci trasformerà in modi che non possiamo ancora immaginare. Questo libro è un invito a esplorare le profondità dell'amore, a sentirne il potere e a lasciarci guidare verso una vita di connessione, compassione e gioia.

Con amore,
Morgan AVtar

PERCEZIONE

"Il mondo

un cerchio

una spirale ..

movimento perenne..

flusso di luce immenso e caldo..

un girotondo visibile nel mio cuore

un'immagine impressa

dentro

che non riuscivo a cogliere appieno

Il mio primo Vocabolario di lettura inconsapevole

una modalità con la quale relazionarmi con

naturalezza

uno strumento potente

Un gioco

come un girotondo colorato, dinamico e allegro

perché le persone potessero stare insieme

con serenità e libertà

Libere

come una libellula

saltando da una parte all'altra nello spazio,

attraversando le relazioni

affamata di vita

sentire appieno i suoi colori

e tutta la sua bellezza

La bellezza nel movimento del tutto"

PARAFRASI

E' sempre stato spontaneo per me vivere così ciò che ho attorno. Della realtà, tutto è importante per me e nulla può essere eliminato: persone, esperienze, ambienti, profumi, colori, forme.

La mia anima assorbe tutto, vuole accogliere tutto: DNA, profumi, movimenti e unicità di ognuno.

Il comunicare con me stessa può avvenire nello specchio infinito attraverso il guardare l'altro, nel suo insieme, nella totalità..

COMUNICAZIONE

Miriade di stelle

sparse,

sole

dentro di me

la luce parlava

di un'unica missione

la nascita di nuove costellazioni

per illuminare il cielo

la creazione di nuovi tragitti

tragitti pieni

intrisi di Amore incondizionato

per tutti

comunicare l'Amore Libero

Tutti dovevano conoscerlo

Tutti dentro

a questa luce

PARAFRASI

Assorbendo la vita mi sono resa conto che non la volevo solo per me perché, quando scoprivo qualcosa, sentivo imperante condividere con altri, volevo unire i puntini tra di loro:
si, vedevo le persone come dei puntini separati tra di loro e volevo unirli. Non mi importava chi o cosa avessi di fronte, inizialmente non mi ponevo domande sulla situazione o sulla persona perché sentivo solo questo: unione, unione, unione, unione.
Le mie scoperte appartenevano a tutti e impedirlo, mi faceva stare male.
Comunicare la mia verità, in modo più o

meno diretto era inevitabile.

Se ciò non avveniva, sentivo una voragine immensa nello stomaco che mi portava negli abissi più profondi di una solitudine immensa.

BLOCCO

"Freddo glaciale
voragine buia
abissi incolmabili dentro
zampilli ghiacciati
nel pizzicore dell'anima
ghiacciando gli occhi
impossibile scappare
nero ovunque"

PARAFRASI

Unire i puntini, comunicare la verità che sentivo dentro ossia mantenere fede a quella che solo oggi riconosco essere la mia missione è stato spesso fonte di un dolore immenso perché non tutte le situazioni erano pronte a riceverla.

La mia reazione ha attraversato fasi che hanno visto un altalenarsi di stati d'ira a stati di silenzio e lo si poteva percepire nella mia voce, alcune volte molto bassa e altre molto alta.

L'instabilità è iniziata quando ero bambina, avrò avuto 8/9 anni e di lì a poco avrei accolto la mia prima trasformazione: divenire donna accogliendo il flusso mestruale; le energie femminili entrando in gioco hanno amplificato e manifestato ulteriormente questo blocco interiore che si attivava ogni volta la persona si rivolgeva verso di me dicendomi

"stai zitta"

"ma cosa vuoi saperne tu?!"

"tu e la verità!"

"stai buona!"
"sei aggressiva/parli sempre piano"
"non si capisce niente di quello che dici"

"sei insicura"

"ma cosa urli?!"

Si, in diverse situazioni ho urlato perché non riuscivo a dare ascolto alla mia voce, al mio punto di vista e soprattutto a comprendere come mai non sembrava mai essere il momento migliore per dire ciò che pensavo.
Fino a quando ho deciso di fare spazio, dentro e vivere un'altra fase.

VUOTO

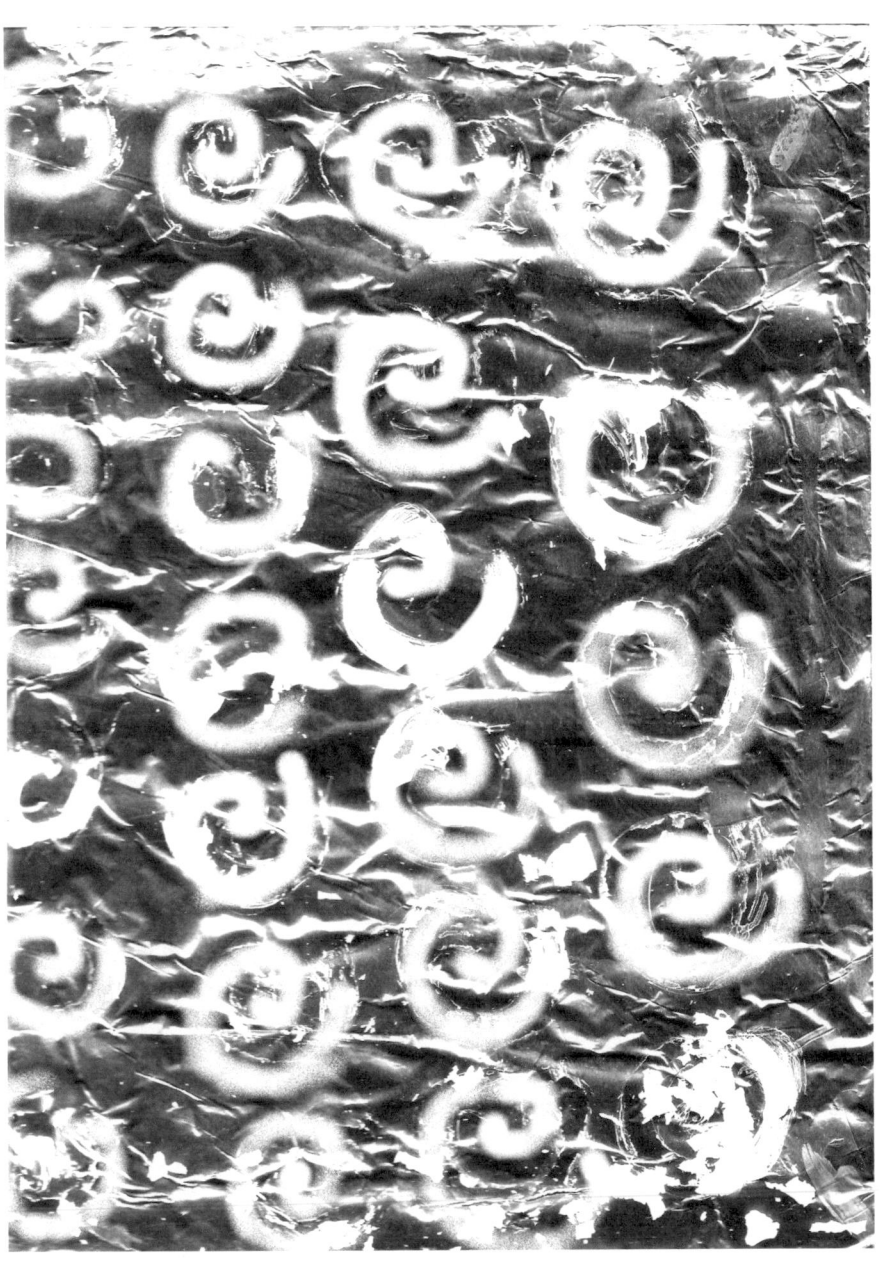

Ovunque

è la mia casa

Abisso nella pancia

Dispersione dei sensi

Girovagare nell'eterno spazio

di me

Il mondo è solo questo?

Terrore nell'incontro

Sciolta nel viverlo

Da cosa sto scappando?

Dallo spazio vitale dove ogni fiamma

prende forma

PARAFRASI

Forse questa è la poesia più complessa da spiegare. La sensazione di vuoto ha sempre fatto parte di me e per gran parte della mia vita ho cercato di razionalizzarlo e dargli una spiegazione mentale.

Ogni volta prendeva una direzione: nel cibo, nelle emozioni o come gestivo le relazioni. Solo quando ho iniziato ad arrendermi accogliendo tutto ciò che provavo, abbracciando tutto questo dentro al mio cuore come parte di me è nato uno spazio di accoglienza e sono a vivere: questo vuoto rappresentava un messaggio dalla vita!

NULLA

Sola

mi hai lasciato

non ricerco più

dispersa in me

nel dormire

continuo a ricercarti

Eternità continua

inconcludente

attraverso occhi sbarrati

guardo attorno

deserto e freddo

era glaciale attorno

incomprensione e chiusura

freddo dentro

ghiaccio fuori

scappo.

Dove?

PARAFRASI

Riporto qui la mia ricerca, durante l'adolescenza, del senso del vuoto di cui vi ho parlato nel capitolo precedente.

In questo periodo di delicata trasformazione, cercavo di comprendere il mondo circostante essenzialmente perché volevo trovare il mio spazio nel mondo e mostrare chi ero ma mi sentivo molto confusa sulla mia identità: nell'ambiente sociale mi sentivo insicura e a disagio perché non comprendevo come relazionarmi e mi sentivo frustrata in quanto la voglia di trasgredire era bloccata dalla paura.

PAURA

Blocco

muovermi impossibile

sgrano gli occhi

cado dentro

congelo ogni parte di me

il cuore urla

ma non ha voce

PARAFRASI

Cosa ho provato in determinate esperienze di vita? Una chiamata dalla vita mi é giunta in passaggi determinanti:
- prima di un intervento di salute;
- dopo aver ricevuto una seconda diagnosi che mi ha messo in stato di profondo allerta per la mia salute;
- dopo aver vissuto una separazione da un luogo importante dove sono cresciuta;
- dopo aver vissuto un crollo familiare delicato che mi ha messo in stato di allerta dal punto di vista economico;

- dopo una separazione sentimentale in cui mi sono pesantemente giudicata e messa a confronto con il mondo sociale;
- dopo alcune scelte finanziarie fatte perché in cui la mia vita non era al centro.

DOLORE

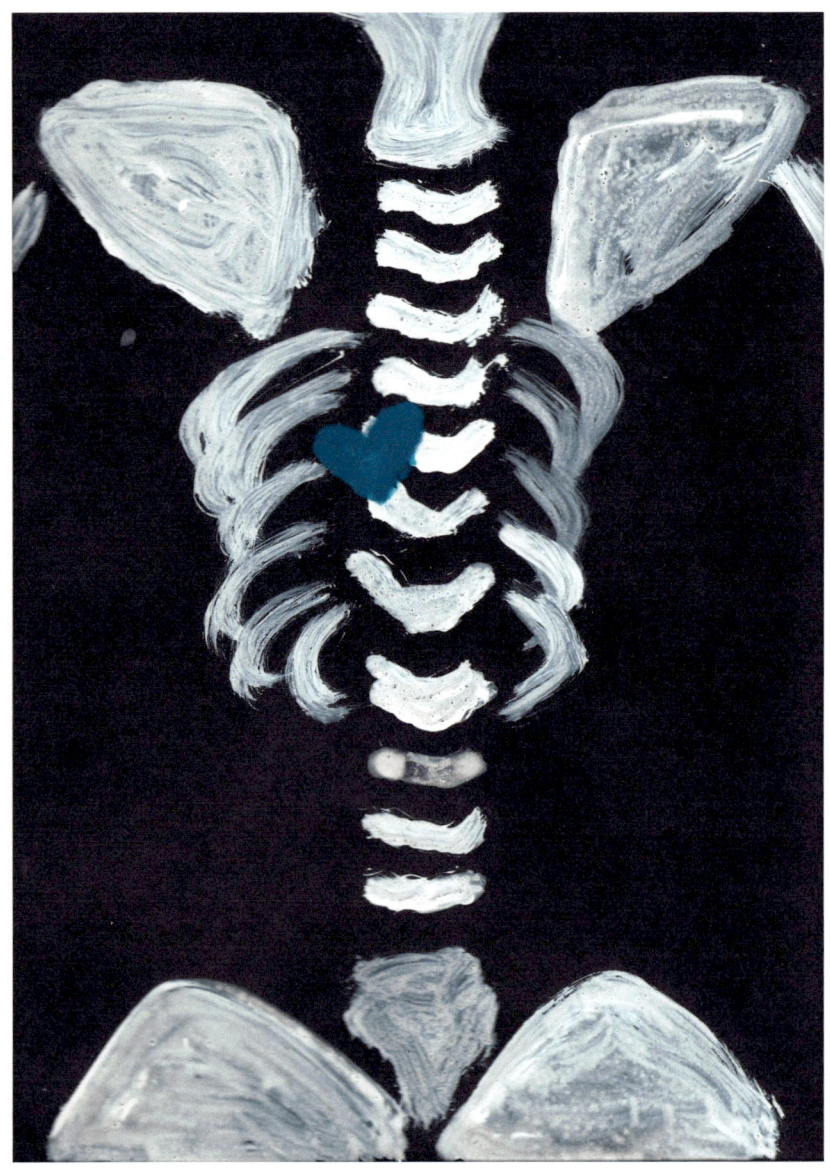

Gola pungente,
cuore di cristallo
sopra a una diga
ricolma di catrame

nero

rancido

tossico

sotto,

il gelo

sopra,

vento

nessuna connessione

PARAFRASI

Ecco le sensazioni che provavo a livello corporeo negli anni più bui della mia esistenza.

Io credo che il dolore sia un compagno che abbiamo sempre con noi nella vita ma c'è stato un lungo periodo in cui lo cercavo come nutrimento quotidiano perché credevo di poterlo eliminare o controllare fino a quando ho compreso che l'unica strada era la sua totale accoglienza: accoglienza nel cuore e nello spirito, come chiamata della vita a una trasformazione.

ASCOLTO

Gocce di pioggia

fiori profumanti

cielo canterino

avvolgenza

nella presenza

Perfezione nel profumo

PARAFRASI

Ecco la descrizione del cambiamento che ho iniziato a vivere scegliendo di ascoltare ciò che prima mi causava frattura interiore: il cammino verso l'accoglienza del potere trasformativo della vita e della saggezza del suo piano di cui spesso non sappiamo, comprendiamo o ricordiamo di conoscere.

SENTIRE

Linee curve

profumo intenso

cuore caldo

Perdersi in un abbraccio

nella notte

scorgere un cielo stellato

la luna piena mi guida

PARAFRASI

Cosa succede quando inizi ad aprire il tuo cuore? Inizi a provare sensazioni nuove e inaspettate.

Scelsi innanzitutto di ritornare a contattare il mio corpo e stare nella sua sicurezza hanno funto da sostegno in questo tragitto verso la luce di una nuova me.

CONTATTO

IN THE POOL

Due delfini
abbracciati da Dio,
nuotano nell'universo

Nel bacio rubato
l'inconsapevolezza
del dono immenso

PARAFRASI

L'INCONTRO con la persona più importante della mia vita: me stessa. Lo compresi più tardi che attraverso questa connessione forte iniziato un viaggio per manifestare chi sono.

In questa poesia descrivo il primo passaggio quando in un momento di condivisione ludica in piscina il contatto con il suo corpo accoglieva me: percepivo brividi nell'epidermide, nessuna aspettativa, un grande calore e sensazione di libertà nel mio cuore.

Nei capitoli successivi sarà più chiaro cosa intendo.

SOLITUDINE

Cuore rotto

i frantumi taglienti

delle aspettative disattese

Scappo

per non sentire

PARAFRASI

Descrivo un momento tragico in cui decido di tagliare i rapporti con questa persona perché scelgo di vedere solo l'aspetto egoico della sua personalità e non il suo cuore, ma soprattutto non scelsi di ascoltare ciò che il mio cuore mi stava raccontando: sentivo solo pezzi rotti dentro di me e invece di soffermarmi ad ascoltare scappai perché ero terrorizzata da quello che potevo trovare.

AMORE

Nei miei passi

nei miei pensieri

nei mie contatti

nelle mie parole

ti sento

dentro

nel cuore

Riscaldi

riempi la mia vita

PARAFRASI

I mesi successivi da questa separazione, ho iniziato a osservare quanto questa persona la avvertissi in ogni aspetto, azione che compievo nella mia vita: sembrava che fossimo un'unica cosa e scegliendo di portarla nel cuore, ho permesso di sentirmi intera: le caratteristiche che stimavo o non sopportavo erano anche mie e le osservavo in ogni piccolo/grande passo nelle mie giornate. Osservavo quanto il suo essere fosse presente nella mia vita e percepissi il suo supporto tanto che spesso é capitato di trovare messaggi prima attraverso una canzone, una situazione o dalla natura e poi da parte sua o il contrario

SI-AMO: VIAGGIO NELL'UNIVERSO E RITORNO SU GAIA

Noi,

inscindibili

Millenni di vite

distanti

nel dolore

Polvere di stelle

ritrovata nuovamente

nell'amore

per crescere

PARAFRASI

Un viaggio nella paura lungo mille vite che posso scegliere di continuare a sentire ma che a un certo punto ho imboccato una strada diversa: ho spostato lo sguardo inziando a nutrire altro, dando spazio a ciò che riempiva il mio cuore.

Lungo mille vite perché ho da subito avuto la sensazione di conoscere da sempre questa persona tanto che percepivo l'intero universo dentro di me, cogliendo che ci stiamo insegnando cos'é l'amore autentico, quello che non sceglie il giudizio, i metri di misura sociali per decidere se l'altro va bene o no: impari ad amare l'atro e te stesso per ciò che si-amo.

Ecco il dono di questo incontro: abbracciarci totalmente nel procedere della vita.

CONCLUSIONI

Quell'incontro ha permesso l'inizio della mia rinascita e la riscoperta del significato autentico della vita: manifestare l'amore che tutti siamo nella propria essenza e autenticità.

Imparare a farsi presenza di fronte a noi stessi, nella vita di tutti i giorni rappresenta ora lo strumento che mi accompagna ogni giorno.

RINGRAZIAMENTI

Ai miei canali di vita, i miei genitori e a Te, Morgan, perché attraverso quel SI abbiamo scelto di iniziare un viaggio per arrivare qui totalmente.

Made in the USA
Columbia, SC
15 October 2024